AF339707

I27n
20015

27
L n 2001 5.

LE PRINCE

HENRY DE VALORI

PAR

M. L'ABBÉ J.-F. ANDRÉ

Correspondant du Ministère pour les travaux historiques, docteur en droit
canonique, vice-président de la Société archéologique de Londres, etc.

PARIS

CHARLES DOUNIOL, LIBRAIRE-ÉDITEUR

29, rue de Tournon.

—

1862

—

Tous droits réservés.

LE PRINCE

HENRY DE VALORI

Ce n'est pas tout d'avoir un grand nom ; il faut encore
savoir unir au prestige d'ancêtres illustres celui du mérite
personnel. Si des princes souverains , des chefs suprêmes
de république , législateurs et bienfaiteurs de leurs patrie ,
des princes de l'Eglise, flambeaux de leurs siècles , des généraux commandant les armées françaises, des ambassadeurs enfin , signant des traités glorieux pour la France ,
suffisent pour acquérir à un nom le respect de l'histoire et
de la postérité , ce respect est acquis à celui de Valori ;
mais les souvenirs du passé sont vains pour l'estime publique , lorsqu'ils ne sont pas réveillés par la valeur du
présent.

Bien jeune encore , M. le prince Henry de Valori s'est
placé rapidement , autant par son rare talent que par le
concours des événements qui l'ont fait naître, au rang des
écrivains politiques de l'Europe dont on reproduit avec
plaisir les ouvrages. Ses brochures , traduites en plusieurs
langues, ont mérité un légitime succès : plusieurs d'en-
tr'elles ont eu du retentissemment et ont valu à leur auteur
les plus augustes témoignages de satisfaction.

Quand un nom paraît subitement entouré d'un certain
éclat littéraire , tout lecteur éprouve le besoin de connaître
particulièrement le personnage qui le porte. Issu d'une des
vieilles et héroïques races que l'on trouve sur tous les
champs de batailles pour la défense du droit , de la justice

et de la religion, qui résume tout ce qui est bon, M. Henri
de Valori, comprenant à merveille que les fils des compagnons de Godefroy de Bouillon doivent aujourd'hui prendre
part avec la plume à la nouvelle croisade contre les principes révolutionnaires, a pris place parmi les plus vaillants
soldats ; et lui, qui a écrit que : « le titre ne fait pas l'hom-
» me, mais l'homme le titre : qu'un nom bien porté pen-
» dant plusieurs générations caractérise seul une race no-
» biliaire (1), » s'est attaché à marcher sur les traces de ces
antiques Valori, que les histoires florentines nous repré-
sentent comme la fleur de la chevalerie, comme les Mécè-
nes de toutes les intelligences modestes et cachées. Race
souveraine dès le Xe siècle, les Valori avaient une cour
brillante dans leur principauté de Fiésole, en Toscane. Les
poètes et les savants y trouvaient asile et protection. De-
venus les rivaux des Médicis à Florence, ils méritèrent
que les Razzi et les Politien les proclamassent « les Mécè-
» nes héréditaires des virtuoses et des savants. » Proscrits
sur la fin du XIVe siècle, ils accompagnèrent les ducs d'An-
jou en France, où par les plus illustres alliances et les plus
hauts emplois ils continuèrent la grandeur de leur race (2).

Henry-François, de la maison princière de Valori, naquit
à Aix, en Provence, le 17 février 1833. Fidèle à ses principes
religieux et monarchiques, voulant les inoculer à cet enfant
qui ne devait pas démériter des siens, le noble marquis de
Valori, bien connu par ses remarquables productions littéraires qui lui firent conquérir des voix à l'Académie française, et
sa sainte mère le placèrent dans le collége de Brugelette, en
Belgique. Ces maîtres éminents, qui possèdent à un si haut
degré le don de former le cœur et les esprits développèrent
la vive intelligence du jeune Henry de Valori. La trempe
de son esprit, ses aptitudes, la hardiesse de son caractère,

(1) *Essai sur la noblesse*, pag. 14.

(2) La maison de Valori a donné à l'Eglise un pape et des cardinaux ;
à la république de Florence, des gonfaloniers ; à la France, des lieutenants-
généraux, des ambassadeurs et des gouverneurs de province ; au royaume
de Naples, des vice-rois.

tout l'appelait à débuter dans la carrière d'écrivain politique. Aussi à 17 ans le jeune auteur essayait ses forces dans une série d'articles publiés dans l'*Europe Monarchique* de Bruxelles, sous ce titre : *Des Bourbons et des destinées de la France* : ces débuts furent remarqués.

Mais il fallait à son activité la plume et l'épée. En 1851, âgé de 18 ans, il entra avec le n° 57 à l'école militaire de St-Cyr. Sorti comme officier d'infanterie, puis ensuite de cavalerie, il a fait deux campagnes en Afrique. Un caractère noblement indépendant, des opinions politiques très prononcées, son goût pour les lettres le décidèrent à quitter une carrière qui semblait devoir être bornée depuis la signature du traité de Paris. En 1857, M. de Valori donna sa démission d'officier et reprit la plume. Notre auteur, pendant qu'il était au service, avait publié, sous ce modeste titre : *Essai*, quelques pages éloquentes sur les obligations imposées par le nom, et le ridicule dont se couvraient ceux qui usurpaient celui des autres, — « Le monde, d'a-
» près l'auteur, connaît les St. Vincent de Paul, les Pas-
» cal, les Corneille, les Carrache et les Parmentier : il ne
» saura jamais le nom de cet homme obscur qui, plein
» de son néant, a senti le besoin de couvrir sa nudité d'un
» manteau blasonné pour paraître avec décence aux yeux
» de ses concitoyens. »

En 1857, il fit paraître son *Histoire de la Baronnie de Château-Renard* (1) Cette histoire qu'il faisait précéder d'une savante dissertation sur l'inscription six fois séculaire du château de ses pères, était bien véritablement l'œuvre selon son cœur.

Il y racontait en style saisissant et pittoresque, toutes les vicissitudes de ce grand fief et de cette imposante demeure du passé, depuis le VIIIe siècle jusqu'à nos jours. Il y traitait les origines féodales ; il y racontait les siéges, les combats, les épisodes dramatiques, les événements inté-

---

(1) Château-Renard, un des fiefs les plus illustres de la Provence, fut inféodé en 1380, par Jeanne, reine de Naples. à Gabriel de Valori, son cousin, prince de Cozenza, vice-roi de Naples.

ressants dont ces remparts illustres avaient été les témoins ;
enfin, il accordait un tribut de piété filiale à la mémoire de
ses ancêtres et à ces tours fameuses, aux créneaux desquel-
les les proscrits de Florence, au XIVe siècle, avaient ar-
boré la bannière presque royale des Valori.

En 1858, guidé par son goût pour les arts et les lettres,
M. de Valori fit un voyage en Italie ; partout il reçut l'ac-
cueil dû à l'intelligent et courageux héritier des traditions
religieuses, littéraires et politiques de sa famille. A son
passage à Florence, le grand-duc de Toscane le retint pour
son chambellan ; cette haute faveur, accordée à un jeune
homme de 25 ans, ne fut pas oubliée par lui, ni perdue pour
la royale maison de Toscane ; car lorsque l'heure du mal-
heur eût sonné pour elle, le prince de Valori fut le seul qui
osa protester publiquement contre la révolution du 27 avril.

Cependant il ne se contenta pas de cette protestation ;
il se prépara à l'action. Au mois d'août 1859, le rejeton
de ce François Valori « dont le regard faisait reculer la po-
pulace hurlante de Florence et que Savonarole voulait élever
sur le trône à la place des Médicis (1), » parcourait l'Italie
centrale et organisait un plan dont l'exécution devait abou-
tir au débarquement du Grand-Duc de Toscane Ferdinand
IV, à Porto-Ferrajo, et à sa restauration. Accompagné par
quelques valeureux compagnons, et secondé par un homme
dont tout le Midi connaît la rare intrépidité, par M. le
vicomte Casimir de Bezaure, qui n'a jamais laissé échapper
une occasion de témoigner son dévouement à la cause
grand-ducale, le prince de Valori avait pris d'habiles
mesures au milieu des plus grands dangers. Tout semblait
devoir réussir ; le jeune souverain, aussi courageux
que bon et dévoué à sa chère Toscane, avait prouvé déjà
qu'il ne redoutait rien, excepté la félonie. L'histoire ra-
contera comment on fit avorter un projet dont la réussite
aurait changé la face de l'Italie et donné un autre cours aux
événements.

Cet échec lança M. de Valori sur le champ de bataille

(1) Sylvano Razzi. Vita di Francesco Valori.

où « sa plume devint un glaive (1). » Il publia sa brochure *Le grand duc Ferdinand IV et la Toscane,* qui commença sa réputation. « Nul écrit contemporain, a dit M. Laurentie, ne renferme en quelques pages des leçons plus éclatantes (2). »

Cet écrit vigoureux, rapide, imagé, dont les pensées élevées donnaient des leçons éclatantes à la révolution victorieuse par tous les genres de cynisme, attira les yeux sur le jeune publiciste. Tous les journaux d'ordre lui rendirent hommage, et le *Siècle* lui-même, en attaquant les principes, rendit hommage à la fidélité. L'effet était à peine produit que notre auteur donna *le Pape et la Confédération Italienne,* une des deux premières brochures qui aient été consacrées à la défense du St-Siége (3). L'immensité du sujet qui est la pierre angulaire de l'édifice social avait inspiré l'écrivain, et le vieil Innocent V (4) dut tressaillir de joie dans sa tombe en voyant un de ses arrière-neveux devenu le champion de la papauté. Dans le court espace de quinze jours, quatre éditions furent épuisées, et le 15 avril 1860, le cardinal Antonelli faisait parvenir à M. de Valori, par le nonce apostolique, la copie de la lettre suivante ; comme on va voir, le nom du jeune publiciste était en bonne compagnie.

Rome, 10 février, 1860.

Très-illustre et très-révérend seigneur,

« J'ai lu avec avidité dans le *Correspondant de Paris,*
» comme j'avais lu en particulier les brochures et les tra-
» vaux par lesquels MM. le prince de Broglie, de Corcelles,
» Cochin, le comte de Falloux, Villemain, de Sacy, de
» Montalembert, de Valori, Nettement, Poujoulat et autres,
» ont combattu pour la défense de la bonne cause, sans

---

(1) *Morning-Post* du 5 novembre 1861.
(2) *Union* du 5 octobre 1859.
(3) *Pie IX et la France,* par le comte de Montalembert, fut la première.
(4) Pierre de Rustichelli-Valori, archevêque de Tarentaise et de Lyon, pape sous le nom de Innocent V.

» parler des respectables évêques bien connus à votre
» illustrissime et révérendissime Seigneurie. Ces travaux,
» qui sont véritablement dignes de catholiques, ont été
» applaudis par tout l'univers, soit pour la force des argu-
» ments, soit pour la noblesse et l'éloquence du style, en
» sorte qu'ils ont convaincu tous ceux qui n'ont pas voulu
» renoncer au bon sens. Je me félicite de tout cœur avec
» de si vaillants écrivains, de ce que, méprisant toute
» considération humaine, ils ont su faire triompher la vé-
» rité et combattre de toutes parts et de tant de manières.

» Je prie donc le Seigneur qu'il leur accorde la force
» nécessaire pour continuer courageusement la lutte en-
» treprise, et à cet effet, le Saint-Père leur accorde à tous
» la bénédiction apostolique.

» Votre Seigneurie voudra bien être l'interprète de ces
» sentiments auprès de tous ces écrivains, afin que cha-
» cun d'eux connaisse combien on apprécie leur courage
» et l'esprit qui les anime.

» Je suis, etc.   G. C ANTONELLI. »

Mais c'était à la famille granducale de Toscane, c'é-
tait surtout à ce noble et sympathique jeune homme, que
l'abdication de Léopold II venait de porter de droit sur le
trône renversé de Florence, que Henry de Valori devait of-
frir le dévouement de toute sa vie; prince droit, généreux,
que M. de Valori « aurait défendu comme un ami, quand
» même le sang royal dont il est issu ne l'aurait pas recom-
» mandé à ceux qui se sont jetés, tête baissée, dans la
» haute lutte pour la religion, la patrie et la légitimité (1). »

M de Valori n'ayant pas pu réaliser son projet de
restauration avec la pointe de son épée, il porta la
cause sacrée du grand-duc Ferdinand IV devant les grandes
assises de l'Europe. En janvier 1860, il publia *La Maison
de Lorraine et l'opinion publique*. Ce mémoire diplomatique

______

(1) *Droits du peuple*, pag. 6.

était destiné au congrès qui devait avoir lieu. Les événements prirent une autre direction, mais le coup était porté. Tout ce qui dans le monde conserve encore le sens moral, les idées de droit et de justice, regretta qu'un lâche guet-apens eût privé de son trône cette famille qui gouvernait patriarchalement l'heureuse Toscane. « La question toscane,
» dit M. Crétineau-Joly, a été prise dans le vif et présentée
» avec une force de dialectique, que les enseignements
» de l'histoire passée et de l'histoire contemporaine rendent
» encore plus saisissante. C'est tout à la fois l'œuvre d'un
» habile diplomate et celle d'un grand cœur. Le nom du
» prince Henry de Valori demeurera attaché à celui de l'au-
» guste dépossédé, pour lequel il a si généreusement com-
» battu (1) » Les *Droits du peuple* suivirent de près cette
dernière publication. C'était moins une brochure qu'une
éloquente proclamation aux Toscans : elle fut jetée en
Toscane à plusieurs milliers d'exemplaires.

« Si — disait M. de Valori — les sacrifices endurés pour
» une personne nous la rendent plus chère, s'il est vrai
» que le sang versé pour la patrie doit être fécond pour la
» postérité, que par une sublime économie, le dévoue-
» ment des ancêtres doit mériter pour les descendants,
» notre voix aura peut-être autorité en parlant à la Tos-
» cane (2). »

Nous croyons devoir citer la page suivante que nous considérons comme un morceau d'éloquence politique :

« Dites-vous bien, Toscans, que nul congrès, nulle
» puissance sur la terre n'a le droit de vous ravir votre
» nationalité, votre nom qui est grand dans l'histoire
» de la civilisation. Vous êtes petits comme peuple,
» vous êtes immenses comme gloire. Il n'appartient à
» personne de rayer ces siècles magnifiques où vous avez
» vivifié le monde par l'esprit et l'intelligence ; ces
» jours où, médiateur entre Rome et Avignon, le Tos-

(1) *Gazette de France*, du 13 mars 1860.
(2) *Droits du peuple*, pag. 5 et 6.

» can Pétrarque admonestait les peuples et les rois et
» pesait dans la balance des intérêts politiques de tout
» le poids du génie et de la philosophie chrétienne ; où
» Dante , votre compatriote , créait votre langue ; où
» Michel-Ange jetait dans les airs la coupole de Saint-
» Pierre, et où Galilée indiquait le pivot qui fait tourner
» les mondes.

» Vous avez donné le nom de vos patriciens à l'é-
» poque de la renaissance , votre génie a rajeuni le gé-
» nie romain lui même , et Léon X, un Médicis, entraî-
» nant les arts à sa suite, les a domiciliés dans la ville
» éternelle. On vous dit partout que vous avez le droit
» d'insurrection , ayez donc le courage de chasser hors
» de vos palais les étrangers qui viendront corrompre
» avec leur patois grossier jusqu'à votre idiome harmo-
» nieux. Eh quoi ! vos gonfaloniers et vos grands-ducs
» auraient réuni , à travers les siècles , Sienne, Pise,
» Livourne au territoire de Florence, Léopold II y aurait
» ajouté Lucques , pour que cette belle contrée devienne
» le département sarde de l'Arno , pour qu'un sous-pré-
» fet vienne trôner au palais Pitti, ou au Palazzo-Vecchio !
» Non , vous ne le souffrirez pas ! où si vous flétrissez vos
» gonfalons , renversez d'abord les statues que vous avez
» élevées sous les portiques des Uffizi , afin que ces grands
» hommes qui furent Toscans ne soient plus là devant
» vous comme le souvenir vengeur de la patrie expirée.
» Brisez nos écussons patriotiques et lacérant le livre
» d'or de nos aïeux , jetez aux vents les noms outragés
» des *Prieurs de la liberté !* »

Cependant de nobles et illustres écrivains secondaient le
jeune patricien dans la mission qu'il s'était donnée de popu-
lariser la cause de Ferdinand IV ; mission ingrate , car la
révolution avait cherché à confondre la cause impopulaire
alors de l'Autriche avec celle du Grand-Duc. M. Laurentie,
le grand historien, Henri de Riancey, Poujoulat, Léopold de
Gaillard , Coquille, Lavedan , prince Augustin Galitzin,

Eugène Roux (1), Arthur de Ceumont et Alexandre de Saint-
Chéron , saisirent toutes les occasions de faire connaître les
droits et les vertus de la royale maison de Toscane (2). Le
jeune prince connait leurs noms , il garde précieusement le
souvenir de leur dévouement et attend le jour où avec sa
couronne la divine Providence lui rendra le plus cher de ses
droits , celui des récompenses et de la gratitude. Nul prince
en Europe n'a plus que lui la mémoire du cœur , nul prince
n'a plus que lui la grâce de l'esprit et de l'a propos. On se
rappelle en l'entendant et en le lisant que par sa mère il des-
cend du Béarnais. A Solférino , on a reconnu en lui le
petit-fils de la grande Marie-Thérèse.

Le talent de M. de Valori grandissait avec les événements.
Il avait débuté brillant écrivain ; il était en quelques mois
devenu un politique ; le jeune publiciste perçait les nuages
de la diplomatie, il scrutait les mystères de l'avenir et en
juillet 1860 , il commençait par son livre l'*Autriche et le
Piémont* , appel à l'histoire , la série de ses écrits de haute
politique. M. le prince de Valori se déclara le partisan de
l'alliance autrichienne. — En présence des graves événements qui sont à la veille de se dérouler , nous croyons
opportun d'exposer , en la citant , la théorie politique de
M. de Valori : c'est, selon nous , la seule qui soit féconde
pour l'avenir.

« La seule combinaison capable d'assurer la paix à l'Eu-
» rope , c'est une triple alliance entre la France , la Russie
» et l'Autriche en prévision du partage de l'empire turc.
» Cette triple alliance est tellement nécessaire , tellement
» indispensable , qu'aucune de ces trois puissances ne peut
» réussir , prise isolément , et que leur désaccord amène-

(1) M. Eugène Roux est le premier des écrivains français qui ait mis
sa plume au service de la cause du grand-duc de Toscane. Toujours sur
la brèche, ecrivain aussi éminent que modeste et courageux, M. Roux est
le publiciste populaire de nos contrées.

(2) Nous devons ajouter à ces noms ceux de M. le marquis de Valori, prince de Rustichelli, qui n'a reculé devant aucun sacrifice pour la
cause du Grand-Duc, et ceux de MM. les comtes Fernand et Gaston de
Brucher , chevaliers de justice de l'ordre insigne de St-Etienne de Florence, et fidèles à leurs serments.

» rait la guerre générale avant peu au profit de l'Angleterre,
» de la révolution et de l'islamisme. Rien de plus facile à
» démontrer.

» Si la France s'allie à la Russie par un traité particulier
» et que l'Autriche en soit exclue, abandonnée à elle-
» même, craignant avec raison non-seulement pour ses
» possessions d'Italie, mais encore pour la Hongrie et ses
» possessions du côté du Danube, l'Autriche fera alliance
» avec l'Angleterre et entraînera avec elle, tôt ou tard, la
» Prusse, qui ne voudra pas que son littoral soit dévasté par
» les vaisseaux anglais. La France et la Russie sont-elles as-
» sez fortes pour tenir tête à la confédération germanique
» liguée avec l'Angleterre qui tient l'Italie et la Révolution?
» Non. Ce sera une conflagration générale, et, en fin de
» compte, une coalition à laquelle finira toujours par pren-
» dre part la Russie, lorsqu'elle verra qu'elle ne tire pas de
» son alliance avec la France les avantages immédiats
» qu'elle croyait obtenir. »

Son rêve politique fut dès-lors une triple alliance entre
la France, l'Autriche et la Russie, et avec une activité qui
a été admirée par tous les journaux de l'Europe monarchique et conservatrice, il se mit à l'œuvre pour donner à
ses idées la plus grande force d'expansion.

Nous ne tenons plus compte des dates; les brochures,
les articles de journaux se succèdent. Ce style pittoresque,
nerveux, captive les lecteurs et brûle les consciences cauté-
risées. C'est d'abord une *Triple alliance contre l'Angleterre,
l'Islamisme et la Révolution*, puis *Lettre à M. de Persigny
en réponse à son discours au Conseil-Général de la Loire*,
puis *la Question Russe*, où l'auteur prédit la reconnaissance
du royaume d'Italie par le Czar. Pour être impartial, il faut
dire ici que, si M. de Valori, au point de vue de la politique
extérieure, émettait des opinions d'une profonde sagesse,
il se trompait radicalement dans son appréciation de l'éman-
cipation des serfs au point de vue pratique. Les sophismes
du parti ultra-libéral russe n'en furent pas moins écrasés par
le vigoureux jouteur et l'avenir mis à nu comme un redou-

table procès-verbal contre ceux qui ont déchaîné les orages révolutionnaires. Mais le Piémont venait d'envahir les Marches et l'Ombrie, l'assassinat de Castelfidardo avait été commis : huit jours après, M. de Valori fit paraître son opuscule : *le Piémont au ban de l'Europe*. Ce n'était qu'une brillante charge de cavalerie à fond de train, et, malgré l'éloquence de la colère, l'écrit le moins sérieux du jeune écrivain ; le succès fut immense. Le fouet vengeur fit hurler de rage le Piémont, l'Europe catholique fit sienne l'œuvre du redoutable écrivain. Traduite en cinq langues, tirée à cent cinquante mille exemplaires, jetée dans les casemates de Gaëte, cette brochure fut comme une sentence portée contre un gouvernement qui devenait le scandale de la civilisation, de la religion et de la morale. De tous les écrits politiques qui ont paru depuis trois ans, nul, — si on en excepte les fameuses brochures anonymes et les protestations de l'illustre évêque d'Orléans, n'a fait plus de bruit en Italie.

Après ce violent coup de sabre porté à la révolution, le publiciste revint aux études de politique savante. Dans l'*Autriche et la situation actuelle*, il lavait l'Autriche de l'accusation d'ingratitude portée contre elle par la Russie et l'Europe, et expliquait pourquoi elle n'avait pas bougé en septembre 1860. Dans *Rome et François-Joseph*, il indiquait au cabinet de Vienne quels étaient ses devoirs en 1861 ; il lui conseillait de surveiller le Piémont et de lui courir sus le jour où il oserait toucher au patrimoine de St-Pierre. L'étude sur l'épiscopat français qui a pour titre *Monseigneur Plantier*, est un travail complet sur la question romaine et l'attitude de l'épiscopat depuis 1859 ; l'auteur a groupé les figures de son brillant tableau autour de l'illustre évêque de Nîmes, parce que, dit le prince Henry de Valori, « c'est dans nos contrées qu'il a combattu les combats du Seigneur et que nul ouvrier n'a travaillé une plus longue journée dans la vigne du Seigneur. » En effet M. de Valori ne pouvait choisir un plus noble héros. D'autres prélats de notre Midi, comme le saint et excellent évêque d'Avignon, s'étaient réservés des travaux apostoliques d'une autre nature ; la propagation des œuvres de toute charité. L'évêque de Nimes, qui avait paru avec éclat sur la grande chaire de Notre-Dame de Paris, sentit que Dieu lui avait donné le glaive de la parole, de la plume et de la dialectique. On sait avec quel éclat il a parlé et il a écrit. On sait ses combats et ses triomphes ; le pasteur a défendu le troupeau et le troupeau reconnaissant a porté triomphalement sur ses épaules son pasteur, lorsque revenant du plus solennel concile des temps modernes, il rapportait dans son diocèse la bénédiction d'en-haut, l'espoir et la sécurité !

Il nous faut citer ces quelques lignes qui terminent l'écrit de M. de Valori : elles donneront une idée de la splendeur du style du brillant publiciste :

« La Révolution est un ouragan qui passe en amoncelant
» des décombres ; mais une société nouvelle sortira de
» ces ruines, et des jours de grâce luiront pour nous au
» soleil du catholicisme.

— « De même, dans nos belles contrées, lorsque le vent
» du Nord s'élève, il apporte la tempête, l'atmosphère est
» en désordre, toute clarté a pâli, toute fraîcheur est
» ternie ; peu à peu la fureur des vents s'apaise, le calme
» renait dans les airs, et le soleil roi du monde, répand
» ses gerbes de feu sur vos portiques romains et sur vos
» colisées. . . . .

— « Et vous, saint Pontife, intrépide champion dans
» les milices du Seigneur, vous qui avez fait du siége épis-
» copal de Nimes une place forte contre le mensonge et
» l'hérésie, vous qui avez fait de votre diocèse un des bou-
» levards de la papauté, que le Dieu vivant, que le Dieu
» fort, que le Dieu qui a promis à Simon-Pierre d'être avec
» lui jusqu'à la fin des temps, vous donne la force du
» corps pour les combats de l'esprit. L'heure deviendra
» mauvaise, la justice sera intervertie, les parois du Vati-
» can seront souillées. Héliodore entrera dans le temple
» pour obéir aux ordres d'un Antiochus piémontais; l'hor-
» reur sera répandue autour de lui. Mais les prêtres invo-

» queront le nom de Jéhovah , l'esprit de Dieu se manifes-
» tera : Héliodore sera renversé par le cavalier de l'Ecri-
» ture , et — cet homme entré dans le temple , précédé
» d'un grand nombre de coureurs et de gardes , sera em-
» porté sans le secours de personne , parce que la vérité de
» Dieu s'est manifestée.

« Frappé par cette vertu divine , il était étendu , muet,
» sans espérance et sans vie ! (1) »

La *Lettre d'un Guelfe à un Gibelin* , dans laquelle le descendant des chefs du parti guelfe de Florence anathéma-
tise le gibelin piémontiste Ricasoli , où le descendant du
glorieux vaincu de Monte-Murlo cloue au pilori le descendant de ce Ricasoli qui raffina de cruauté dans le supplice
du gonfalonier Baccio Valori, dernier défenseur de la liberté
florentine ; la lettre à M. de Persigny , intitulée *le comte de
Persigny , l'Angleterre et la Démocratie* , brochure dont
M. Laurentie a dit : « Elle est heureuse , elle peut tout re-
» muer. C'est une haute étude pleine de contrastes et de
» leçons ; » l'Introduction à la *défense du duc de Modène*
par le marquis de Normanby ; plusieurs études politiques
insérées dans les journaux, telles que la *Question de Venise,
l'Eglise romaine et le concordat autrichien , l'Unité allemande
et la politique de la Prusse* , telle est la série d'écrits qui ter-
mine les travaux de M. de Valori. Il va , nous l'espérons, les
réunir dans deux gros volumes , sous le titre modeste de
Questions et solutions de politique actuelle.

Ce sera un vaste répertoire où l'homme politique pourra
puiser tous les renseignements possibles sur les questions
de Rome, de Toscane, d'Italie et d'Autriche. Il sera cu-
rieux aussi de suivre le jeune écrivain depuis ses débuts
jusqu'au moment où il est rapidement parvenu à la matu-
rité du style et de la pensée.

Né pour la tribune (2), presque toujours orateur quand
il écrit , M. de Valori, dans ses premières inspirations , n'a

____

(1) Mach. III, 28 , 29.
(2) Il l'a prouvé dans plusieurs procès où il a porté lui-même la parole.

pas toujours évité l'écueil de la déclamation. Peu à peu l'écrivain reconnut son défaut, et tout en restant plein de verve, plein d'images, il arriva à donner à sa plume cette sobriété, cette rapidité qui font de plusieurs de ses écrits de véritables *memorandums* politiques que la presse révolutionnaire a qualifiés de « protocoles rédigés à la chan- » cellerie autrichienne. »

Ce qu'il y a plus étonnant, c'est que l'écrivain, retiré à la campagne auprès d'une sainte et admirable mère dont l'âge réclame ses soins et sa présence, est privé des conseils des hommes politiques.

Telle est, dans une rapide esquisse, le prince Henry de Valori, un des plus éminents publicistes de l'Europe actuelle. On peut le dire hardiment : sa journée depuis trois ans a été remplie. Nul ne s'est montré plus dévoué partisan des royautés proscrites, des légitimités déchues. Nul exilé n'a été oublié par le défenseur du droit, ni François II, « *emportant sous le manteau de sa gloire les der-* *niers débris de l'honneur monarchique ;* » ni « *le pa-* » *triarchal Léopold II.* » ni Louise de Bourbon, « *un des* » *grands hommes de sa famille,* » ni François de Modène, « *le plus chevaleresque des souverains de l'Europe,* » ni enfin l'auguste Pie IX, « *rachetant par l'intrépidité de* » *sa faiblesse la lâcheté des rois de l'Europe.* » Au milieu de l'affaissement des consciences, de l'éclipse totale du sens moral, on contemple avec joie ces incorruptibles gardiens des doctrines qui sauvent le monde. M. de Valori est digne de M. le marquis de Valori, son frère, digne de son noble père, digne de sa sainte mère. Ne serait-ce pas là le cas de répéter avec Scipion Ammirato (1) :

« Il naquit de l'illustre famille des Valori, dans laquelle » dès l'adolescence, on a l'habitude de se signaler, soit » dans la souveraine magistrature, soit dans les armes, » soit dans les lettres. »

Vaucluse, le 1er septembre 1862.

(1) Vita di Baccio Valori il secundo.

Roanne. — Imprimerie FERLAY, rue du Collège, 9.

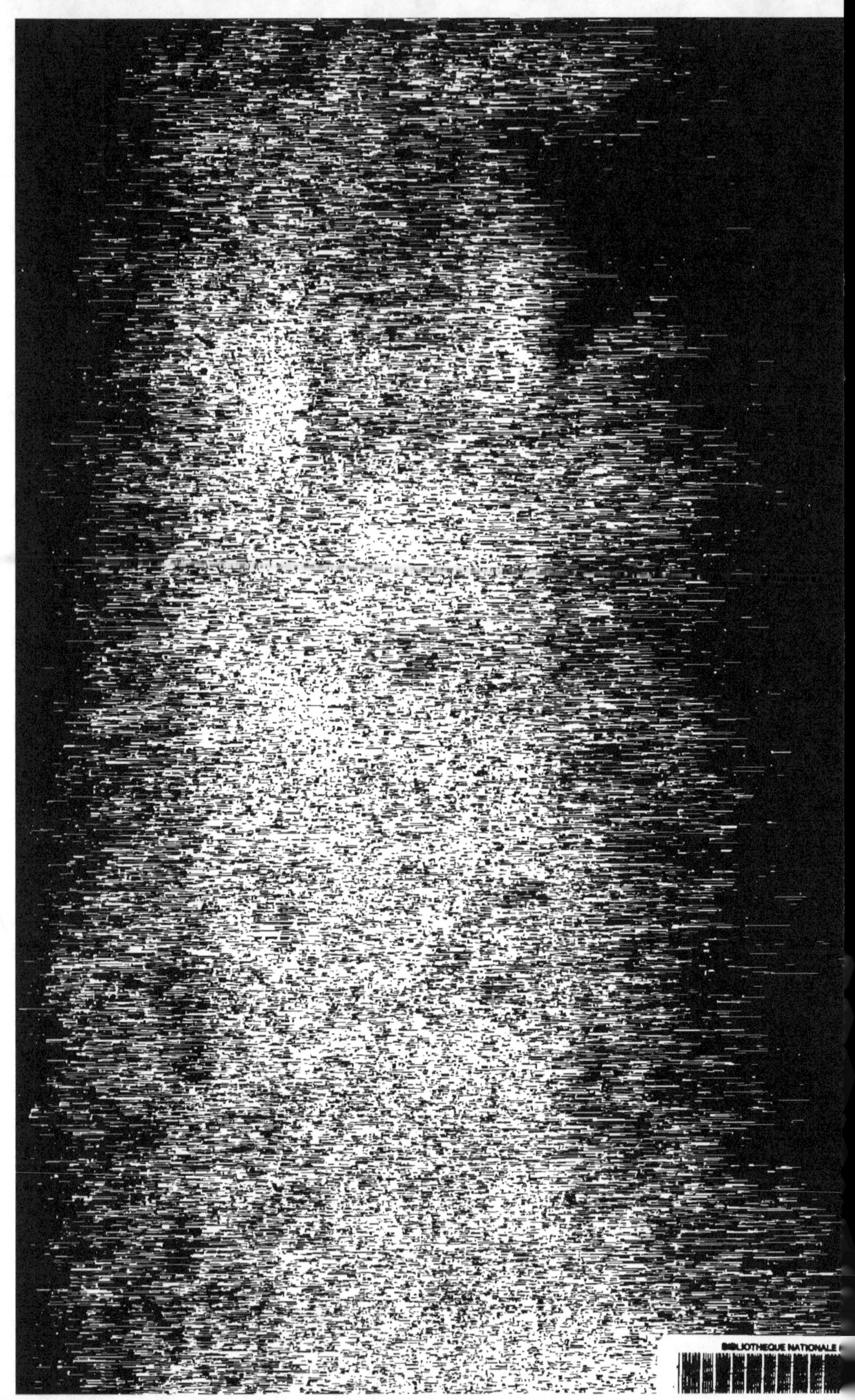

www.ingramcontent.com/pod-product-compliance
Lightning Source LLC
Chambersburg PA
CBHW061827060726
47597CB00008B/3389